D1721556

Erdlandschaften

Erdlandschaften

Aquarelle von Werner Thurm
Texte von Rile Schöne

EULEN VERLAG

Winterweg

Weg, verharscht vom Eis,
unter meinem Schritt.
Sonnenschatten läuft
mir zur Seite mit.

Schweigen mich umgibt,
lautlos die Natur,
höre meinen Schritt
und den Atem nur.

Friede ist in mir
in der Welt voll Streit.
Sei gesegnet du,
weite Einsamkeit!

Tief über dem Acker die Wolken.
Es schwellen die Flüsse und
Schmelze wässert die Wiesen.
Lichtdurchdrungen stehen die Bäume
in dem Element, das ihnen nicht zugedacht ist:
dem Wasser.

Februarmorgen

Wolken umarmen die Hügel.
In den Bäumen schnüffelt der Wind.
Riecht es nach Frühling?
Geheimnisvolles Wallen
durchzieht das Erdenreich.
Zwischen Winter und Hoffnung ein paar
Atemzüge und auf den Lippen ein Lied:
„Winter ade, dein Scheiden macht,
daß mir das Herze lacht!"

w.Thurm 89

Tageslicht ist noch gedämpft.
Moosgrüne Köpfe
tuscheln miteinander.
Steigt die Sonne ins Tal,
zeigen die Erlen
ihr lichtes Kleid.
Zärtlich umspült der Bach
ihre Stämme.

Die Bläue tönt vom Hang:
Es wird Frühling.
Noch sind die Fenster geschlossen.
Dach an Dach kuscheln sich die Häuser,
die Menschen zu wärmen.

Hände voll Licht
wirft der März auf das Land.

Die ältesten Zeugen der Schöpfung ruhen
geschliffen im Bachbett.
Ihr Schicksal verraten sie nicht.
Aber wer sich zu ihnen gesellt, versteht
ihre Sprache im Schweigen.

In Hügel, Wald und Felder ist der See gebettet.
Atme Seele den Sommer, tauche ins Blau mit hinein!
Es ist die Stunde des Pan, der Mittagsstille.
Am anderen Ufer goldet schon der Raps.
Heilsame Weite, die das Auge findet.

Goldenes Rapsfeld um mich her,
Morgen himmelblau.
Meine Sehnsucht wandert mit:
Weg im Morgentau.

Da wo die Stille wohnt,
spricht die Natur mit uns.
Aus welchem Abseits
vernimmt sie das Ohr?
Lautlose Hymnen
durchströmen das All.
Uralte Sommer
summen verklungene Weisen.

Wolkenspiel

Verwandlung ist der Wolken Zauberspiel.
Sie fließen, jagen,
ohne Ziel,
vom Wind getrieben,
ohne Willen.

Wir reisen mit,
die Sehnsucht stillen.

Dem Lichte sich öffnen,
atmen die Stille,
die Luft liebkosen,
schmecken den Regen.

Die Erde berühren,
träumen und schweigen.
Den Baum umarmen.
Da sein und leben.

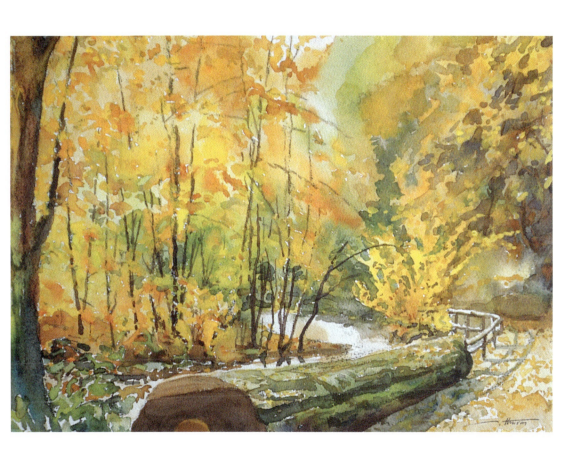

Der Herbst singt seine Melodie der Farben:
Halbtöne und Terzen, Quarten und Quinten,
Dreiklänge und Oktaven
fügt er zu einer Harmonie, die uns jubeln läßt.
Sogar sein Echo hören wir in der Teichmusik.

Drei Birken im Ödland,
allen Wettern preisgegeben,
zerzaust und verkrümmt.
Aber fallen werden wir nicht,
noch nicht!
Es ist Wasser genug,
und es ist Licht genug.

Was brauchen wir mehr?

Vom ersten Sonnenstrahl durchglüht,
wich Nebel aus dem Taletief
und eine Amsel zärtlich rief
so spät noch – oder gar verfrüht?

Die Blätter tanzten, fielen nieder,
Herbstfarben, wie ein buntes Tuch.
Seh ich das Spiel noch einmal wieder?
Du Seele mein, wann ist's genug?

Noch steht das Herbstbraun
über diesem Land.
Die Blätter warten
auf das Niederfallen.
Und lichtkristallen
schaut der Bach
den Himmel über sich.

Herbstwinde

Mit Herbsteswinden
spielen Wolken.
Sie ändern Farben
und Gestalten:
Im Tanzen und Schweben,
im Senken und Heben,
und alles aus Lust
am wechselnden Leben.

Lichtgewölk über dem Dorfe.
Um die Häuser wütet der Sturm,
und Frost krallt sich in die Bäume.

Dem Morgen singt der Sturm
sein Lied.

Gehüllt in Schleier
aus Licht
ruht der Baum,
das Herbstkleid
noch im Gedächtnis.

Die frische Spur
im Schnee
verrät die Nähe
des Menschen.
Baum und Mensch:
geschwisterliches Dasein
der Erdenweg.

Ich sah dich sterben,
einen Sommer,
einen Winter lang.
Einst war dein Rauschen
mir Gesang.
Jetzt hör ich
deine Totenklage.
Wie lange noch,
mein alter Freund?
Noch einen Sommer,
einen Winter lang?

Langsam verwandelt sich das Tageslicht
in die Dämmerung.
Blauer Schatten
steigt in den Himmel auf.
Zur Sonne hin
wendet sich das lichte Gewölk.
Du gehst an meiner Seite.
Nach Hause führt uns der Weg.
Nach Hause in die Wärme.

Freude an malerischer Vielfalt ist das Leitmotiv des Aquarellisten Werner Thurm. So wird auch in diesem Zyklus ein Thema variiert und zugleich in typische Farb- und Formenkompositionen gcfaßt. Der Titel „Erdlandschaften" zielt dabei nicht auf „Erde" als etwas Abgelöstes, Isoliertes oder Für-sich-Bestehendes. Thurm geht es vielmehr um das Ineinander von Erde und Himmel, die Vielfalt der Wolkenspiele über Hügeln und Feldern, Wiesen und Wäldern, die Spiegelungen des Himmels in Seen und Flüssen...

Werner Thurm, geboren 1936 in Regensburg, lebt seit 1958 in Hof, wo er Inhaber der Buchhandlung Grau ist. Der Künstler befaßt sich seit 1982 hauptsächlich mit Aquarellmalerei. Seine Werke wurden in über vierzig Einzel- und verschiedenen Gruppenausstellungen der Öffentlichkeit zugänglich gemacht. Außerdem hat Thurm mehrere Kunstkalender veröffentlicht. Seit 1984 ist er Lehrbeauftragter an der Volkshochschule Hof, von 1987 bis 1993 außerdem an der Hofer Malschule. Der Maler ist Mitglied des Berufsverbandes Bildender Künstler der Region Oberfranken und des Kunstvereins Hof.

Kinder und die Wunder der Schöpfung erfüllen das Denken und Wirken der Autorin Rile Schöne. In Hamburg geboren und aufgewachsen, wurde sie zunächst Säuglings- und Kinderschwester. Als Pfarrfrau gründete sie in ihrer Erzgebirgsgemeinde einen Kindergarten und veröffentlichte Kinderbücher und Lyrikbändchen. Durch die Begegnung mit Werner Thurm, der wie sie in Hof wohnt, hat sich Rile Schöne in ihrem schriftstellerischen Schaffen einem neuen Thema zugewandt: Werke der bildenden Kunst zur Sprache zu bringen.

In der gleichen Reihe sind erschienen:

H. Danner/I. K. Hoflehner
Abendlandschaften

G. Nording/G.Wassertheurer
Baumlandschaften

R. I. Baumann/V. Heider
Berglandschaften

Martha Hofmann
Besinnungslandschaften

B. Glosauer/R. Althaus
Beziehungslandschaften

J. Vollrath/I. Gnettner
Blütenlandschaften

v. Schwerin/v. Trainer-Graumann
Dämmerungslandschaften

Elsbeth Kienzlen/Gerold Effert
Dünenlandschaften

Heide Ehninger/Gertrud Seidel
Eislandschaften

S. Schaible/K. Gutmann-Heinrich
Elementarlandschaften

Marga Barkouras-Schröder
Empfindungslandschaften

Evelyn Eichinger/Helga Zankl
Erlebnislandschaften

Inka und Dieter Kellermann
Farblandschaften

Margit Kroll
Felslandschaften

M. Keinke/E. Plünnecke
Flußlandschaften

J. Rákosi/T. v. Trainer-Graumann
Frühlingslandschaften

D. Kirchhofer/M. Groißmeier
Gartenlandschaften

H. Wolff/G. Piotrowski
Gefühlslandschaften

U. Patel-Missfeldt/H. Dresp
Harmonielandschaften

U. Patel-Missfeldt/B. Isajiw
Herbstlandschaften

Roland Reiff/Bärbel Kalski
Himmelslandschaften

B. van Loh-Wenzel/E. Fechter
Hoffnungslandschaften

Dieter Müller/Rainer Firmbach
Insellandschaften

D. Stockmar/R. Becker
Klanglandschaften

Erika Grabe/Hansine Dresp
Küstenlandschaften

B. Seeberger/C. Heinrich
Lichtlandschaften

G. Nording/G. Wassertheurer
Märchenlandschaften

A. Albert/Petra M. König
Meereslandschaften

E. Grabe/I. K. Hoflehner
Mondscheinlandschaften

Irmgard Kohl/Ilse Klein
Moorlandschaften

J. Vollrath/I. Gnettner
Naturlandschaften

Elsbeth Kienzlen/Jörg Zink
Nebellandschaften

E. Niederhauser/M. Bieri
Oasenlandschaften

M. Keinke/E. Plünnecke
Parklandschaften

J. Vollrath/I. Gnettner
Phantasielandschaften

J. van Loock/C. Gräter
Rebenlandschaften

Martina Knauf/Hiltrud Knauf
Reiselandschaften

F. Meyer/W. v. Schalscha
Schöpfungslandschaften

Toni Diwischek/Wolfgang Kunz
Seelandschaften

Vimal Tarla/Michael Groißmeier
Seelenlandschaften

C. Coßmann/E. Rausch
Sehnsuchtslandschaften

M. J. Hartmann/R. Rinderknecht
Seidenlandschaften

D. Stockmar/R. Becker
Sommerlandschaften

Marlene Zerbe/Petra M. König
Sonnenlandschaften

O. Cretschmer/B. Schmidt-Zelger
Stimmungslandschaften

Sibille Ritter/Heinz G. Meister
Traumlandschaften

Gerald und Arnulf Kriedner
Uferlandschaften

W. Heuwinkel/G. Markus
Urlandschaften

K. v. Schwerin/R. Becker
Waldlandschaften

Irmgard Kohl/Roland Thois
Wanderlandschaften

Heinz Ludorf/Mona
Wasserlandschaften

Martha Hofmann
Wegelandschaften

Doris Stockmar/Eva Hönick
Wiesenlandschaften

D. Kirchhofer/R. Firmbach
Winterlandschaften

Dieter Röttger/Günter Radtke
Wolkenlandschaften

R. Eikam/H. D. Schmidt
Zauberlandschaften

© 2000 EULEN VERLAG Harald Gläser, Hebelstraße 11, Freiburg i.Br.
ISBN 3-89102-408-8